D1670280

Sabine Seyffert (Lieder: Detlev Jöcker)

Herzlichen Glückwunsch,
PAULI©

Das Geburtstagsbuch als Wegbegleiter für einen erlebnisreichen
Geburtstag. Mit den Liedern aus dem Liederhörspiel, Spielideen,
Bastelvorschlägen und Liedern

©Nach einer Idee zum Bilderbuch von Brigitte Weninger und Eve Tharlet,
Michael Neugebauer Verlag, Verlagsgruppe Nord-Süd Verlag AG / Schweiz.

Umschlagillustration: Eve Tharlet
Innenillustrationen: Ines Rarisch

Die 8 Lieder dieses Buches gibt es auch auf der
CD/MC „Herzlichen Glückwunsch, Pauli",
erhältlich im Buch- und Fachhandel oder beim
Menschenkinder Verlag und Vertrieb GmbH,
An der Kleimannbrücke 97, 48157 Münster

http://www.menschenkinder.de
➔ **Mit Hörproben sämtlicher Lieder!**

1. Auflage 2001
Menschenkinder Verlag, 48157 Münster
Alle Rechte vorbehalten. Nachdruck – auch auszugsweise –
Nur mit Genehmigung des Verlages.
Druck: Westermann Druck Zwickau GmbH
Redaktion: Jutta Nymphius, Hamburg
Satz und Layout: FACHWERK, Werbe- und Projektagentur, Münster
Notengrafik: Kuntze-Music, Georgsmarienhütte

Printed in Germany 2001

Die Deutsche Bibliothek – CIP-Einheitsaufnahme

Herzlichen Glückwunsch, Pauli: mit Liedern, Spielideen,
Bastelvorschlägen, kinderleichten Rezepten rund um den Geburtstag / Sabine Seyffert
Lieder von Detlev Jöcker.– Münster: Menschenkinder 2001
Ill.: Ines Rarisch
ISBN 3-89516-141-1

Vorwort

Geburtstag bedeutet für ein Kind viel mehr, als nur ein Jahr älter zu werden. Wann ist es endlich so weit? Wie und mit wem möchte ich feiern? Was werde ich wohl für Geschenke bekommen? Diese und andere Fragen werden das Kind fieberhaft beschäftigen.

Das vorliegende Buch ist ein kleiner Wegbegleiter durch die spannendste und aufregendste Zeit des Geburtstagskindes und lässt den großen Tag zu einem unvergesslichen Erlebnis werden.

Allen Geburtstagskindern wünsche ich einen schönen Geburtstag und viel Spaß beim Basteln, Spielen und Feiern!

Eure
Sabine Seyffert

Einstimmung und Vorfreude

Wie lang muss ich noch warten?

Geduld haben und warten müssen – das fällt den meisten Kindern sehr schwer. Gestalten Sie die Zeit vor dem Geburtstag abwechslungsreich mit Ihrem Kind und beziehen Sie es schon in die Planung und Vorbereitung für das bevorstehende Fest mit ein. So wird sogar das Warten zu einem erlebnisreichen Vergnügen!

Wie war es im letzten Jahr?

Erinnern Sie sich gemeinsam mit Ihrem Kind an seinen letzten Geburtstag:

• Wer kam alles zu Besuch?
• Was war für Wetter?
• Wurde auch eine Geburtstagsparty gefeiert?
• Welche Kinder kamen? Was bekam das Geburtstagskind alles geschenkt?
• Was gab es denn auf der Feier alles zu Essen?
• Welche Spiele wurden gespielt?

Tipp:
Haben Sie Fotos von diesem Geburtstag? Wenn ja, dann schauen Sie sich gemeinsam die Bilder an, um sich besser zu erinnern!

Fast ein Jahr ist vergangen

Seit dem letzten Geburtstag ist fast ein ganzes Jahr vergangen. Während dieser Zeit ist bestimmt eine Menge passiert: Ist das Kind in den Kindergarten gekommen oder hat es das Fahrradfahren gelernt? Hat das Kind neue Freunde gewonnen oder neue Hobbys? Vielleicht hat in der Zwischenzeit ein Wohnungsumzug stattgefunden oder die Familie Zuwachs bekommen.

Tipp:
Gibt es von diesen Ereignissen Fotos oder sonstige Erinnerungsstücke, die sich gut zum einkleben eignen? Dann gestalten Sie mit Ihrem Kind doch einfach ein Jahresbuch.

Mama, Papa, wie war´s früher?

Nicht nur Kinder haben einmal im Jahr Geburtstag; auch Mama, Papa, Oma, Opa, alle Verwandten und Freunde.
Kinder finden es spannend zu erfahren, wie Mama oder Papa früher in ihrer Kindheit Geburtstag gefeiert haben: Gab es einen richtig tollen Geburtstagskuchen? Wie war das mit Geschenken?

Durften auch Freundinnen und Freunde eingeladen werden? Kam die Verwandtschaft zu Besuch? Wurde eine Party gefeiert?

Tipp:
Holen Sie doch ein altes Fotoalbum dazu, um gemeinsam Bilder aus Ihrer Kindheit anzuschauen. Das macht nicht nur viel Spaß und ist spannend, sondern verkürzt auch das lange Warten auf den baldigen Geburtstag!!!

Was mach ich, wenn ich „4" bin?!

Wenn Kinder ein Jahr älter werden, ist das „neue" Alter oft schon mit bevorstehenden Ereignissen verbunden:

Anna wird drei. Bald bekommt sie ein kleines Geschwisterchen. Im Sommer darf sie dann auch endlich in den Kindergarten gehen. Bislang ist sie immer mit dem Dreirad gefahren. Aber zum Geburtstag wünscht sie sich einen Roller. Denn sie möchte unbedingt Rollerfahren lernen, wie das Mädchen aus dem Nachbarhaus!

Leona ist 6 geworden. Sie gehört nun zu den Ältesten in ihrer Kindergartengruppe. In einigen Monaten kommt sie sogar in die Schule. Bis dahin möchte sie unbedingt schwimmen lernen.

Tipp:
Fragen Sie Ihr Kind, was es im kommenden Jahr so alles erleben möchte. Dieses Gespräch können Sie auch dazu nutzen, Ihr Kind auf Ereignisse vorzubereiten, beispielsweise den Beginn der Musikschule oder ein bevorstehender Wohnungsumzug.

Ich hab bald Geburtstag

Text: August van Bebber / Musik: Detlev Jöcker

Refrain

Ich hab bald Ge - burts - tag, da lad ich mei - ne
Ich hab bald Ge - burts - tag, ich denk die gan - ze

Freun - de ein. Wir fei - ern dann ein tol - les Fest und
Zeit da - ran. Mein Herz klopft schon ganz schnell und laut, weil

al - le wer - den fröh - lich sein.
ich es kaum er—
war - ten kann. Ge -

burts - tag, Ge - burts - tag, das ist doch wohl klar. Ge -

burts - tag, Ge - burts - tag ist das schöns - te Fest im

Jahr.

Strophe

1. Da ist es schon wie - der. Dies
Es wird im - mer stär - ker weil

D   A   G

Krib - beln tief im Bauch. Was kann ich da nur
ich mich so sehr freu. Das kenn ich noch vom

D   em   A

ma - chen?_____ Spürst du das manch - mal auch?
letz - ten Mal und trotz - dem ist es neu.

Refrain: Ich hab bald Geburtstag …   *Refrain:* Ich hab bald Geburtstag …

2. Viele schöne Spiele
  und alle machen mit.
  Auch Omi und der Opa,
  das wär mein größtes Glück.
  Uuhh, jetzt kribbelts wieder,
  ich werd ganz zappelig.
  Geburtstag feiern find ich toll,
  für dich und auch für mich.

3. Eine Superparty,
  das ist doch sonnenklar,
  die wird es wieder geben,
  so wie im letzten Jahr.
  Mittags gab es Kuchen
  und abends noch Pommes Frites.
  Ich hoffe, dass ihr alle kommt.
  Bringt gute Laune mit.

Refrain: Ich hab bald Geburtstag …

Mein großes Buch vom Geburtstag

Ein eigenes Geburtstagsbuch ist immer etwas Besonderes. Das Buch kann gemeinsam mit dem Kind gestaltet werden. Beispielsweise kann das Kind all die Sachen aufschreiben oder malen, die es sich zum Geburtstag wünscht. In das Buch können auch alle Freunde aufgeschrieben werden, die es zur Geburtstagsfeier einladen möchte.

Persönliche Daten können ebenfalls in das Buch notiert werden: Wie groß ist es, welche Kleider- und Schuhgröße hat es? Was ist sein Lieblingsessen? Wer sind seine Freunde? Hat es schon einen Wackelzahn? Wie groß ist die Hand? Mit Wasserfarbe kann das Geburtstagskind einen bunten Abdruck ist das Buch machen.

Zum Schluss noch ein aktuelles Foto einkleben – Fertig ist das Geburtstagsbuch!

Tipp:
Das Geburtstagsbuch kann man täglich mit neuen Wünschen und Ideen füllen. Auch können sich bei einer Geburtstagsfeier alle Gäste darin eintragen und beispielsweise ihre Wünsche an das Geburtstagskind aufschreiben.

Geburtstagskalender

Material:
Nylongarn, Nadeln, Gummibärchen, Lakritzstäbchen, Weingummi o.ä.

So geht's
Um die Wartezeit zu verkürzen und damit das Kind selber sehen kann, wie lange es noch bis zum Geburtstag dauert, kann man schnell und einfach einen Geburtstagskalender basteln.

Auf einem Nylongarn fädelt man mit Hilfe einer Nadel für jeden Tag bis zum ersehnten Geburtstag kleine Naschereien: Gummibären, Weingummi, Lakritzstäbchen o.ä.

Tipp:
Jeden Morgen, direkt nach dem Aufstehen, darf das Kind nun eine Kleinigkeit von dieser süßen Kette nehmen und naschen.

Wunschkalender

Material:
Walnussschalenhälften, Papier, Stift, Klebstoff

So geht's:
Auch dieser Kalender hilft dem Kind, die Wartezeit spannend und weniger ungeduldig zu erleben. Zuerst schreibt man auf kleine Zettel verschiedene Wünsche oder Aktionen, die erfüllt werden können. Beispielsweise:

- Du darfst Dir ein Lied wünschen
- Heute Abend erfinden wir eine tolle Gutenachtgeschichte
- Hast Du Lust auf einen Waldspaziergang?
- Gleich machen wir das Fingerspiel von Familie Maus!
- Sollen wir ein Deckenhaus im Kinderzimmer bauen?

Anschließend werden die Zettel zusammengefaltet, jeweils in eine Schalenhälfte gelegt und mit der anderen Nussschalenhälfte zusammengeklebt. Alle Wallnüsse legt man dann in eine Schale, von der sich das Kind täglich eine Nuss auswählen kann. Was auf dem Zettel steht, wird im Laufe des Tages gemeinsam gemacht. Viel Spaß dabei!

Immer muss er warten

Text: August van Bebber / Musik: Detlev Jöcker

Strophe G · D · em

1. Wann ist es denn nur so - weit? _____ Viel zu lang ist
hält er das fast nicht mehr aus und rennt he - rum im

C · G

je - der Tag. Er zählt die Mi - nu - ten schon, weil
gan - zen Haus. Kann denn nie - mand ihn ver - stehn, wie

am · 1. D · 2. D

er ja bald Ge - burts - tag hat. So wei - ter - gehn?
wird es mit ihm

em · hm

Ich kann schon nicht mehr schla - fen und

C · G · em · hm

wälz mich hin und her. Ich soll mich nun ge - dul - den. Doch

C · D · G *Refrain* · C

das fällt mir so schwer. Im - mer muss er war - ten. So

lang wird mir die Zeit. Er will nicht mehr war - ten. Wann

ist es nur so weit? ist es nur so weit?

2. Alle sind sehr lieb zu ihm:
„Warten?! Das ist wirklich schwer!"
Er denkt schon die ganze Zeit:
„Wenn doch schon heut Geburtstag wär!!"
So hält er's wirklich nicht mehr aus
und rennt herum im ganzen Haus!
Kann denn niemand ihn verstehn,
wie wird es mit ihm weitergehn?

Refrain: Immer muss er warten ...

Die Geburtstagsfeier

Gemeinsam planen wir das Fest

Bald ist es soweit!? Jetzt sollten auch schon die ersten Vorbereitungen geplant werden. Soll eine Geburtstagsfeier stattfinden? Da eine Party nicht immer in der Wohnung stattfinden kann, zeigen die folgenden Ideen auch Alternativen auf, wie und wo man überall Geburtstag feiern kann.

In einige Vorbereitungen kann auch das Geburtstagskind mit einbezogen werden – das weckt die Vorfreude!

Wie und mit wem möchte ich feiern?

Zur Vorbereitung stellt man am besten einen Plan zusammen und bespricht diesen mit dem Geburtstagskind:

- Wo wird gefeiert?
- Wie viele Kinder können eingeladen werden?
- Welche Kinder werden eingeladen?
- Soll es ein bestimmtes Motto für die Geburtstagsfeier geben?
- Welche Dekoration passt dazu?
- Welche Gerichte oder Snacks soll es auf der Feier geben?

Tipp:
Die Einladungskarten und Dekorationen können gemeinsam mit dem Kind gebastelt werden.

- Welche Spiele können mit den Kindern auf der Feier gespielt werden?
- Was muss vorbereitet oder eingekauft werden?

Pizza, Pasta oder was?!

Mit älteren Kindern, die abends schon mal etwas länger aufbleiben dürfen, kann man auch in eine Pizzeria gehen. Dort gibt es eigentlich nur solche Speisen, die alle Kinder gerne mögen. Und wer keine Pizza mag, findet sicherlich auch ein leckeres Nudelgericht oder einen knackigen Salat mit viel Käse!

In den warmen Sommermonaten bietet sich auch eine kleine Feier in einer Eisdiele an (vielleicht als Zieltreffpunkt mit einer Stadtrallye verbunden?).

Im Märchenwald oder auf dem Jahrmarkt

Als Alternative zu einer Feier zu Hause bietet sich bei jüngeren Kindern auch ein Besuch in einem Märchenwald an. Noch lustiger wird der Ausflug, wenn die Kinder sich vorher wie ihre Lieblingsmärchenfigur verkleiden.
Für ältere Kinder ist dagegen ein Besuch auf dem Jahrmarkt immer wieder verlockend.

Wir gehen in den Tierpark

Ein Ausflug in einem nahgelegenen Tierpark bietet sich ebenfalls als Alternative an. In solchen Parks dürfen die Tiere meist auch gefüttert werden, was für Kinder ein großartiges Erlebnis ist! Ein Picknick verbunden mit einigen Spielaktionen runden den Ausflug ab.

Weißt du wie viel Sternlein stehen?

Sterne faszinieren die meisten Kinder. Der Herbst oder Winter ist die ideale Jahreszeit für einen Ausflug in ein Planetarium. Den Tag kann man dann beispielsweise mit Sternchen-nudeln und Soße als Abendessen ab-schließen.

Platsch, patsch im Wasser machts Spaß!

Wie wäre es denn mit einer Kinderparty in einem tollen Freizeitbad. Ein Freibad bietet zumeist noch viel Wiese zum Spielen und Toben. Und wenn es dann zu warm wird, verlegt man einfach die Spielaktionen ins kühle Nass.

Tipp:
Denken Sie an die Sicherheit der Kinder und erkundigen Sie sich vorab bei den anderen Eltern ob die Kinder schwimmen können oder noch Schwimmflügel o.ä. brauchen.

Vorhang auf!

Vielleicht findet gerade in der Stadt ein Kasperletheater statt. Gerade wenn es draußen stürmt, schneit oder regnet, ist ein Besuch in solch einem Theater für Kinder interessant und abwechslungsreich.

Tipp:
Gerade bei kleineren Veranstaltungen sind die Plätze begrenzt. Versuchen Sie, schon vorher die Karten zu bestellen oder zu reservieren. Vielleicht gibt es auch ja Gruppenrabatte.

Hurra, Treffer!

Ältere Kinder finden es Klasse, wenn sie einen Nachmittag auf einer Kegelbahn verbringen dürfen. Zudem bietet das Kegeln so viele Spielmöglichkeiten (Gruppenspiele / Jäger etc.), dass bestimmt keine Langeweile aufkommt.

Tipp:
Erkundigen Sie sich in Gemeinde- oder Jugendzentren nach einer Kegelbahn.

Heut' gehts ins Museum

Wie wäre es mal mit einem Nachmittag im Museum? Dinosaurier oder die Steinzeitmenschen – für jedes Kind ist bestimmt etwas interessantes dabei. In manchen Städten gibt es sogar richtige Kindermuseen. Für ältere Kinder ist ein Bergwerkmuseum bestimmt ein besonderes Ereignis.

Tipp:
Vielleicht gibt es in Ihrer Nähe auch eine Tropfsteinhöhle oder eine Burg, die zur Besichtigung geöffnet ist. Dann könnten Sie die Einladung entsprechend zur einer Ritterparty o.ä. gestalten und somit die Neugier wecken!

Manege frei!

Gastiert vielleicht gerade ein Zirkus in der Stadt? Dann kann man die Kinderparty einfach in die Zirkusmanege verlegen. Der Besuch einer Zirkusvorstellung ist schließlich ein großartiges Erlebnis für jedermann!

Tipp:
Fragen Sie doch mal beim Zirkus nach, ob vielleicht nach der Vorstellung eine kleine Führung mit dem Geburtstagskind und seinen Gästen durch den Zirkus möglich ist.

Picknick im Grünen

Wer nur über recht beengte Wohnverhältnisse verfügt, kann ein Picknick im Grünen dazu nutzen mehr Platz zu schaffen. Das hat den weiteren, entscheidenden Vorteil, dass sich keiner wegen zuviel Lärm beschweren kann. Zudem haben die Kinder in der freien Natur wirklich reichlich Platz, um sich nach Herzenslust auszutoben.

Oder man verlegt das Picknick einfach auf einen schönen Abenteuerspielplatz. Größere Spielplätze haben auch oft einen Platz, den man zum Grillen nutzen darf.

Pfiffige Einladungsideen

Lollipop, Lollipop

Material:
Pro Einladung ein etwa 20 cm langes schmales Rundholz, Klebstoff, Stifte, Plusterpen, Fön, bunter Tonkarton, Schere.

So geht's:
Zunächst werden 2 Kreise in der Größe einer Kaffeeuntertasse aus dem Tonkarton geschnitten. Mit dem Plusterpen wird auf den Kreisen von außen nach innen jeweils eine Spirale gemalt. Anschließend wird die Farbe laut Anweisung des Herstellers trocken gefönt bis sie „aufplustert". Auf den Linien der Spirale kann nun der Einladungstext von außen nach innen geschrieben werden. Zum Schluss werden die beiden Kreise mit dem Text nach außen, und mit einem kleinen Rundholz dazwischen, aufeinandergeklebt.

Hurra, ein Geburtstagskuchen!

Material:

Pro Einladung eine kleine runde Schachtel, eine Kerze und einen Kerzenhalter, Tonpapier, Schere, Stift, Schokoladenguss, bunte Streusel

Tipp:

Für die Glasur können Sie auch Puderzuckerguss oder weiße Schokolade nehmen. Mit Schokostreuseln, gehobelten Mandeln, Krokant oder Smarties zum Verzieren entstehen abwechslungsreiche Einladungs-Geburtstagskuchen.

So geht's:

Aus dem Tonkarton wird ein Kreis in der Größe der Schachtel ausgeschnitten. Auf den Kreis kann nun der Einladungstext geschrieben werden. Anschließend wird das Papier in die Schachtel gelegt. Über die geschlossene Schachtel wird dann die in einem Wasserbad aufgelöste Kuchenglasur oder Schokolade gegossen.

Die Schachtel sollte völlig mit der Glasur oder Schokolade überzogen sein. Bevor dieser Überzug getrocknet ist, kann noch etwas bunter Streusel darüber gestreut werden. Zum Schluss wird in der Mitte des Kuchens ein Kerzenhalter mit der Kerze befestigt.

Zum Geburtstag viel Glück

Material:
Pro Einladung eine Leerkassette, Kassettenrekorder mit Mikrophon, lustige Musik

So geht's:
Eine Einladung ganz besonderer Art ist diese Geburtstagskassette. Man bespielt die Kassette beispielsweise zuerst mit einem Geburtstagslied und spricht oder singt dann den Text der Einladung auf das Band. Anschließend können weitere Lieder aufgenommen werden, so dass zum Schluss eine tolle Partykassette verschickt werden kann.

Wer Lust hat, kann die Kassetten und Hüllen kunterbunt bemalen, bekleben und verpacken.

Tipp:
Nehmen Sie mit Ihrem Kind mehrere Kassetten mit verschiedenen Liedern und Texten auf. Die Kassette, die dem Geburtstagskind am besten gefällt, können Sie im Kassettenrekorder für alle Gäste überspielen.

Vergraben im Sand

Material:

Einen kleinen Eimer, Sieb, reichlich Sand, Tonkarton, Schere, Stift

So geht's:

Der Einladungstext wird auf den Tonkarton geschrieben und mit der Schere in mehrere Puzzleteile geschnitten. Diese Puzzleteile versteckt man nun in dem, mit Sand gefüllten, Eimer. Wer mag, kann dem Gast dazu ein kleines Sieb überreichen, so dass dieser die Einladung direkt durchsieben kann!

Tipp:

Lustiger wird diese sommerliche Einladung, wenn die Kinder im Sand noch weitere Dinge verstecken, wie beispielsweise kleine Muscheln oder Steinchen. Anstelle eines Eimers können Sie auch eine Schachtel verwenden; für den Transport möglichst mit Deckel.

Hätt' ich dich heut erwartet, hätt' ich Kuchen gemacht

Material:
Kleine Kuchen- oder Papierförmchen, Kuchenteig, Alufolie, Papier, Stift, Schokoladenglasur, Streusel, bunte Liebesperlen oder Smarties

So geht's:
Alle Einladungen werden jeweils auf ein kleines Stück Papier geschrieben und gut in Alufolie verpackt. Nun füllt man in die Kuchen- oder Papierförmchen einige Esslöffel Teig, legt die in Alufolie verpackten Einladungen darauf und gibt nochmals etwas Teig darüber. Die kleinen Kuchen werden gebacken und anschließend mit der geschmolzenen Schokoladenglasur verziert.

Ist die Schokolade fest geworden, verteilt das Geburtstagskind diese köstlichen Einladungen an seine Gäste, mit dem Hinweis, dass sich darin eine Überraschung versteckt hält! Guten Appetit!

Wir sind deine besten Freunde

Text: August van Bebber / Musik: Detlev Jöcker

1. Lin - da hat 'ne sü - ße Na - se. Man - ni, der hat Se - gel - oh - ren.

Lu - cy mit den Som - mer - spros - sen ist am sel - ben Tag ge - bo - ren.

Du - y hat ganz schwar - ze Haa - re, er kommt aus dem fer - nen Thai - land.

Ri - ta spricht nur i - ta - lie - nisch, ih - re O - ma lebt in Mai - land.

Wir sind dei - ne bes - ten Freun - de, wir

woh - nen in der Nach - bar - schaft. Ich lad euch ein zu

mir nach Hau - se, zu Knab - ber - zeug und Ap - fel - saft.

Wir sind dei - ne bes - ten Freun-de. Ich hab euch al - le
schon ge - fragt. Wir kom - men mor - gen zum Ge -
burts-tag. Wir ha - ben's dir ja schon ge - sagt.

2. Edi spielt am liebsten Fußball,
   Bodo findet Handball besser.
   Mia spricht mit ihren Puppen,
   Max hat schon ein Taschenmesser!
   Manni möchte auch eins haben,
   doch er muss noch lange sparen.
   Rita träumt von ihrer Oma,
   möcht so gern nach Mailand fahren.

3. Oft sind wir bei mir zu Hause,
   lauschen Papas tollen Märchen.
   Die kann Rita auch verstehen
   und schmust mit dem Teddybärchen.
   Manchmal spielen wir auch Fangen,
   Mia kann das noch nicht machen.
   Lina kitzelt Mias Füße,
   bis sie beide ganz laut lachen.

Refrain:
Wir sind deine besten Freunde ...

Refrain:
Wir sind deine besten Freunde ...

Kaffeeklatsch

Material:

Ein Stück Tonkarton in der Größe 13 x 18 cm, Tortenspitze in der Größe einer Untertasse, Fimo (ersatzweise Salzteig, Modelliermasse, Ton o.ä.), Klebstoff, Stifte

So geht's:

Aus dem Fimo wird ein buntes Stück Kuchen geknetet. Anschließend wird der Kuchen aus Fimo oder Salzteig im Ofen gebacken, bis die Masse hart ist. Der Einladungstext wird nun auf die Tonkartonkarte geschrieben. Zum Schluss wird auf die Rückseite der Karte zuerst die Tortenspitze und darauf der Kuchen geklebt.

Tipp:

Wenn Ihr Kind gerne mit Knetmassen spielt, kann es zu dem Kuchen noch eine Tasse dazu anfertigen. Sollten Sie farblose Knetmaterialien verwenden, kann Ihr Kind den Kuchen anschließend noch bunt anmalen.

Zauberblume

Material:

Tonpapier, Schere, Bleistift

So geht's:

Zuerst schneidet man aus dem Tonpapier eine Blume mit langen Blütenblättern aus. Der Einladungstext wird nun mit dem Bleistift in die Mitte der Blume geschrieben. Anschließend werden alle Blütenblätter nach innen geknickt und verdecken so den Einladungstext.

Tipp:

Das Geburtstagskind verteilt die Blumen an seine Gäste mit dem Hinweis, dass es sich um eine Zauberblume handelt, die zuerst in eine Schale mit Wasser gelegt werden muss. Dort entfaltet sich die Zauberblume und der Einladungstext wird sichtbar!

Partyschmuck

Material:

Eine Kordel oder Lederschnur, Lackstifte, bunte Holzperlen

So geht's:

Für diese Einladung denkt man sich einen kurzen Text aus, beispielsweise:

Fete am 16.7. um 15.00

Auf jede Holzperle malt man nun jeweils einen Buchstaben. Damit es zu keiner Datumsverwechselung kommt, sollte das Datum bzw. die Uhrzeit jeweils auf einer Holzperle gemalt werden. Anschließend fädelt man die Perlen in beliebiger Reihenfolge auf eine Kordel oder Lederschnur auf. Nun kann das Geburtstagskind die Einladungsketten an seine Gäste verteilen.

Süßer Teller

Material:

Pro Einladung ein weißer Pappteller, Lackstift oder Plusterfarbe, ggf. Fön, Zuckerguss, kleinere Süßigkeiten: Salmiakpastillen, Gummibärchen, bunte Streusel, Smarties, buntes Lakritzkonfekt etc.

So geht's:

Auf den äußeren Rand des Papptellers schreibt man mit dem Lackstift oder dem Plusterpen den Einladungstext. Bei Benutzung des Plusterpen muss die Farbe mit dem Fön getrocknet werden, bis sie aufplustert. Nun kann der Teller mit den Süßigkeiten und dem Zuckerguss als Klebstoff bunt verziert werden.

Tipp:

Gestalten Sie mit Ihrem Kind den Einladungstext einfach mit den Süßigkeiten auf den Teller. Alternativ legen Sie auf den bunten Teller eine Einladungskarte.

Wir-laden-ein-Girlande

Material:
Kordel, Schere, Tonpapier, ganz kleine Plastikwäscheklammern (gibt es in Schreibwarenläden), Krepppapier und Geschenkband

So geht's:
Zunächst denkt man sich einen kurzen Einladungstext aus:

Tipp:
Für ältere Kinder können Sie mit Ihrem Kind die Einladungsgirlande auch als Puzzle gestalten. Entweder werden die Buchstaben und Zahlen in verkehrter Reihenfolge an die Kordel geklammert oder die Kordel, Buchstaben, Zahlen und Klammern lose in Krepppapier verpackt.

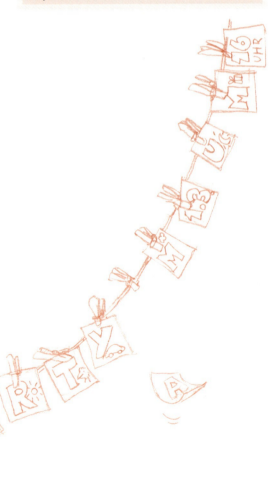

Party am 1.3. um 16.00

oder

Ich feiere am 5.4. ab 14 Uhr

Für jeden Buchstaben und jede Zahl benötigt man jeweils ein Stück Tonpapier in der Größe von etwa 6 x 4 cm. Nun kann der Einladungstext auf die Papierstücke geschrieben werden. Damit es zu keiner Datumsverwechselung kommt, sollte das Datum bzw. die Uhrzeit jeweils auf einem Stück Papier stehen. Mit Hilfe der kleinen Klammern werden die Zettel in der richtigen Reihenfolge der Kordel befestigt. Zum Schluss kann die fertige Girlande ganz einfach mit Krepppapier und buntem Band verpackt werden.

Stimmungsvolle Dekorationen

Steckbrief / Tischkarte

Material:
Tonkarton, Stift, alte Zeitungen, Schere, Klebstoff

So geht's:
Pro Tischkarte benötigt man ein Stück Tonkarton in der Größe von 13 x 18 cm. Aus den Zeitungen werden dann folgende Buchstaben ausgeschnitten und auf das Stück Tonkarton geklebt:

Tipp:
Das Spiel passt besonders gut zu einer Geburtstagsfeier zu dem Thema „Detektive".
Für kleinere Kinder können die Merkmale des gesuchten Kindes auch gemalt werden, beispielsweise ein Kopf mit braunen Haaren.

G e s u c h t

Unter der Überschrift können nun ganz bestimmte Merkmale des Gastes in Stichpunkten notiert werden: Größe, Haarfarbe, Augenfarbe, Anzahl der Geschwister, Lieblingsfarbe, Hobbys, o.ä. Vor Beginn der Geburtstagsfeier können nun die Steckbriefe sämtlicher Gäste als Tischkarten verteilt werden. Wer findet zuerst seinen Platz oder erkennt den Steckbrief eines Mitspielers?

Kaffeeklatsch im Spielzeugmeer

Material:
Eine unifarbene Tischdecke, Legosteine, Konfetti, Glasmurmeln

So geht's:
Schnell und einfach kann ein dekorativer Tischschmuck gestaltet werden. Über den Tisch breitet man einfach eine unifarbene Tischdecke aus und verteilt darauf bunte Legosteine, Glasmurmeln und andere kleine Spielsachen. Zum Schluss kann etwas Konfetti über die gesamte Dekoration gestreut werden.

Tipp:
Schauen Sie sich einmal in aller Ruhe mit Ihrem Kind im Kinderzimmer um. Dort finden sich sicherlich allerhand kleinere Sachen, die sich hervorragend dazu eignen, den Partytisch aufleben zu lassen!

Je nach Motto der anstehenden Party oder auch der aktuellen Jahreszeit kann der Tisch natürlich passend dazu gestaltet werden.

In der Laternen- oder Weihnachtszeit verteilt man auf einer dunklen Tischdecke Sternchenpailletten und setzt Teelichter dazwischen. Über den Tisch hängt man einige aus Tonkarton geschnittene Sterne und eine Lichterkette auf. In einer Schale mit Wasser lässt man Schwimmkerzen in Sternchenform schwimmen.

Bei einem Fest zum Thema Verkehr oder Fahrzeuge verteilt man auf dem Tisch viele kleine Spielzeugautos und legt kleine Ampeln aus roten, gelben und grünen Teelichtern.

Bei einer Fete rund ums Wasser sehen kleine, bunte Plastikfische auf einer blauen Tischdecke besonders gut aus, dazu kann man auf einen mit Sand gefüllten Teller Muscheln und Teelichter legen.

Eine Höhle –
wie spannend!

Material:

Mehrere Bögen braunen Tonkartons (ersatzweise Bettlaken oder große Tücher in braunen Farbtönen), breites Tesafilm, kleine Nägel oder Heftzwecken, braunes und grünes Krepppapier, Klebstoff, Schere

So geht's:

Höhlen wirken auf Kinder immer wieder faszinierend. Die Gestaltung beispielsweise einer Kinderzimmertür in einen geheimnisvollen Höhleneingang ist mit wenigen Handgriffen schnell durchgeführt. Brauner Tonkarton oder ein großes Tuch wird mit Tesafilm so an den Türrahmen befestigt, dass die gesamte Tür verdeckt wird. Bei Verwendung von Tonkarton schneidet man den Höhleneingang einfach aus dem Karton aus.

Mit Krepppapierstreifen hat man viele Möglichkeiten, den Höhleneingang noch zu verschönern und zu verdecken. Vor dem Eingang kann beispielsweise auch etwas buntes Laub oder Kieselsteine gelegt werden.

Tipp:

Weitere Gestaltungsideen: Eingang zu einem Indianerzelt, Burg- oder Schlosstor. Mit blauen Tüchern, Abdeckplanen, Plastikfischen und blauer Lichterkette können Sie die Tür auch zu einem Eingang dekorieren, der in das Reich des Meeres führt.

Das Funkeln der Sterne

Material:

Eine Lichterkette, gelbes China- oder Bananenpapier (ersatzweise gelbes Transparentpapier), Schere, Stift und Kleber

So geht's:

Schöne Beleuchtung kann das Motto einer Geburtstagsparty noch unterstützen. Als Basis können Lichterketten genutzt werden. Diese Ketten kosten nicht viel, sind fast überall erhältlich und spenden tolles Licht.

Um das Funkeln der Sterne vom Himmel zu holen und die kleinen Partygäste damit zu verzaubern, schneidet man aus dem gelben Papier für jede Lampe an der Lichterkette einen Kreis mit einem Durchmesser von etwa 10-16 cm. Diese Kreise schneidet man von einer Seite bis zur Mitte hin ein und formt kleine Trichter daraus. Anschließend werden die Trichter um jede Lampe gelegt und befestigt.

Die Lichterkette kann über einen Türrahmen oder quer durch den Raum aufgehängt werden. In einer weißen Wolke aus Tüll, die man an der Decke befestigt, kann die Kette noch dekorativer platziert werden.

Weitere Dekorationsideen mit Lichterketten:

- Mit buntem Seidenpapier und Tapetenkleister können aus kleinen Luftballons (sogenannte „Wasserbomben") kleine Lampions hergestellt werden. Die Lampions befestigt man einfach zwischen den Lampen an der Lichterkette.

- Viele, bunte Tüllschleifen oder Geschenkbänder zwischen den Lampen an die Lichterkette binden.

- Mit Hilfe von buntem Krepppapier und Kräuselband oder Draht, kann man aus den Lichtern Blumenkelche machen. Das Krepppapier rafft man um die Lichter herum und bindet es mit einem Band oder Basteldraht fest zusammen.

- Eine Lichterkette in eine großen Glasvase oder einen Glasbehälter legen. Mit etwas farbigem Tüll dazu hat man eine schöne Lampe.

Achtung:
Kinder dürfen die „Wasserbomben" niemals selbst aufblasen! Die Ballons sind sehr klein und können leicht verschluckt werden; dann besteht Erstickungsgefahr!

Die Krachmacher

Material:

Leere, saubere Konservendosen, Kronkorken, ausgespülte Joghurtbecher in verschiedenen Größen, Glöckchen, Perlen, einen Nagel, Hammer, Nylonschnur oder Kordel.

So geht's:

Auf einer Party sollte es auch Dinge für die kleinen und großen Krachmacher geben. Dazu bieten sich Materialien an, die Rasseln, Klingeln, Klappern, Scheppern und andere tolle Geräusche machen. Von den sauberen Konservendosen, Joghurtbechern entfernt man zuerst sämtliche Etiketten. Anschließend werden mit dem Nagel und dem Hammer Löcher in die Konservendosen, Kronkorken, Deckel und Joghurtbecher geschlagen, so dass die „Krachmacher" auf einer Kordel gefädelt und aneinandergeknotet werden können.

Diese klappernden Dekorationen können auch als kleine Girlanden unter die Decke gehängt werden oder man bindet sie an einen Türgriff, so dass es jedes mal richtig Krach macht, wenn einer die Tür betätigt!

Tipp:
Sie können mit den Kinder eine „Krachmacher"-Parade machen oder verwenden Sie die „Krachmacher" einfach dazu, Rabatz zu machen, wie es auf Seite 64 als Spielidee vorgeschlagen wird! Sie können die „Krachmacher" auch über eine Tür anbringen, sozusagen als klappernder Vorhang. Allerdings wird es dann ständig irgendwo klappern, wenn jemand das Zimmer betritt oder verlassen möchte.

Es wehen die Fahnen

Material:
Einen alten, einfarbigen Kissenbezug oder ein großes Tuch, einen alten Besenstil oder ein langes Rundholz, Stoffkleber, deckende Stoffmalfarben oder Stoffmalkreide

So geht's:
Bei besonderen Ereignissen werden Fahnen gehisst – eine Geburtstagsparty ist so ein besonderes Ereignis. Als Material für die Geburtstagsfahne eignet sich ein Kopfkissenbezug oder ein Tuch, das man passend zum Fest bunt bemalen oder mit Stoffmalfarben bedrucken kann. Ist die Farbe ganz trocken, wird die Fahne mit dem Stoffkleber am Besenstil oder Rundholz befestigt.

Tipp:
Gestalten Sie die Fahne gemeinsam mit allen Kindern während der Feier. Vielleicht passt diese Idee ja sogar zu Ihrem Motto, wenn Sie eine Piratenfete, eine Strandparty oder ein Wasserfest geplant haben!

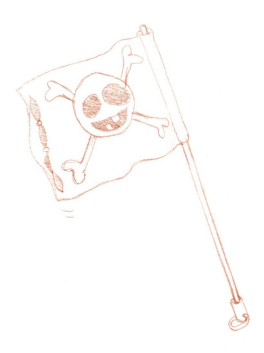

Im Schlaraffenland

Material:
Nylonschnur, Nadel, Lakritzschnecken, Lakritzkonfekt, Mäusespeck, Weingummi etc.

So geht's:
Die Süßigkeiten werden auf mehreren Nylonfäden aufgefädelt, so dass viele kleine Girlanden entstehen. Diese Girlanden können einfach als lange bunte Fäden von der Zimmerdecke über den Esstisch baumeln.

Wenn einer der Gäste mal Heißhunger auf etwas Süßes hat, darf er sich – wie im Schlaraffenland – vom süßen Himmel bedienen!

Wie alt wird das Geburtstagskind?

Material:
Pappe, Schere, Klebstoff, buntes Kreppband, Nylonschnur

So geht's:
Aus der Pappe wird das Alter des Geburtstagskindes in einer großen Zahl ausgeschnitten und mit buntem Kreppband fantasievoll beklebt. Die Zahl wird nun an der Decke oder an einem Türrahmen mit der Nylonschnur aufgehängt. Durch Luftschlangen, bunte Fäden u.ä. wird die Dekoration noch schöner.

Tipp:
Sie können die Pappe stabiler gestalten, indem Sie mit Tapetenkleister einige Schichten Zeitungspapier aufkleben und die Geburtstagszahl anschließend mit Kreppband verzieren.

Bonbongirlande

Material:
Eine Kordel, zahlreiche Bonbons, Faden, buntes Krepppapier, Schere

So geht's:
Viele bunte Bonbons werden mit einem Faden an ein langes Stück Kordel geknotet. Aus dem Krepppapier schneidet man etwa 1-2 cm breite Streifen und bindet diese ebenfalls an die Kordel, so dass sie wie Luftschlangen zwischen den Bonbons hängen. Die fertige Kette kann einfach quer im Raum aufgehängt oder auch um einen Türrahmen platziert werden.

Viele bunte Blumen

Material:
Bunter Tonkarton, Lochzange, Bast, Holzperlen, Schere

So geht's:
Aus dem Tonkarton werden Blumen in der Größe einer Untertasse ausgeschnitten. In der Mitte der Blumen werden nebeneinander zwei Löcher gelocht. Der Bast wird nun zuerst durch ein Loch gezogen, dann durch die Perle gefädelt und zuletzt durch das zweite Loch gesteckt. Sind alle Blumen und Perlen auf den Bast aufgefädelt, hat man eine wunderschöne Blumengirlande.

Zimmerdecke kunterbunt

Material:
Buntes Kreppband, Luftballons, Luftballonpumpe, leere Papprollen, Geschenkband, Schere, Nylonschnur

So geht's:
Aus dem bunten Kreppband werden Streifen in verschiedenen Längen und Breiten geschnitten und als bunte Luftschlangen an die Zimmerdecke gehängt. Dazwischen hängt man bunte Luftballons an unterschiedlich langen Nylonfäden auf. Nun können aus den Papprollen noch Bonbons gebastelt werden. Dazu wickelt man die Rollen mit dem Kreppband ein und bindet die jeweiligen Enden mit Geschenkband zusammen. Die Bonbons können als Girlande oder einzeln zwischen den Luftschlangen und Luftballons aufgehängt werden.

Zeit zum Ausruhen

Material:
Eine Matte oder kleine Matratze, Kissen, Decken, Tücher, Lichterkette, evtl. einige Bilderbücher oder einen Kassettenrekorder, ruhige Instrumentalmusik u.a.m.

So geht's:
Eine Party ist für Kinder stets mit allerhand Spannung und Aufregung verbunden. Mit einer gemütlich eingerichteten Ecke haben Kinder die Möglichkeit, kurze Pausen einzulegen und sich auszuruhen.

Und so kann man eine kleine Oase gestalten: In einer freien Zimmerecke wird der Boden mit einer Matte, kleinen Matratze oder dicken Decke ausgelegt und anschließend mehrere Kissen darauf verteilt. Die Ecke kann vom Zimmer mit aufgehängten Tüchern oder Tüll abgetrennt werden. Mit einer Lichterkette (sh. Gestaltungsidee „Das Funkeln der Sterne" auf Seite 38) schafft man eine zusätzliche behagliche und entspannte Atmosphäre.

Tipp:
Nutzen Sie dieses gemütliche Nest als Ort, an dem sich nach jeder Spielaktion wieder alle versammeln, um zu „verschnaufen". Die Kinder können dort etwas Trinken und über das gerade beendete Spiel reden.

Wenn ein Kind das Gefühl hat, dass es eine Pause braucht, kann es sich für kurze Zeit in die Oase zurückziehen. Legen Sie dort für solche Situationen einige Bilderbücher und evtl. einen Kassettenrekorder mit Entspannungsmusik zurecht.

Leckereien für hungrige Partylöwen

Auf jeder Party gibt es kleinere und größere Leckerbissen für die Gäste. Und da eine Geburtstagsparty etwas ganz Besonderes ist, sollte es dabei auch ganz besonders tolle Drinks und Köstlichkeiten geben. Natürlich gehören auch Süßigkeiten zu solch einer Party. Dennoch sollte darauf geachtet werden, dass Süßigkeiten (dazu zählen auch stark gesüßte Getränke wie Limonade o.ä.) in Maßen verzehrt werden. Um die Menge der Süßigkeiten etwas zu reduzieren, kann man auch leckere Kuchen anbieten, die mit viel Obst und Vollkorn

ganz einfach herzustellen sind. Generell sind mehrere kleine Mahlzeiten, beispielsweise kleine „Snacks" in Form eines nett dekorierten Obsttellers oder eine Platte mit Käsespießen, Salzbrezeln und Weintrauben, zwischen den bewegungsreichen Spielaktionen wesentlich besser geeignet als zwei ausgiebige Mahlzeiten, bei denen viel gegessen wird!

Köstliche Mutzen

Zutaten:
500 g Vollkornmehl, 1 TL Backpulver, 3-4 Eier, 150 g Zucker, 1 Päckchen Vanillezucker, 150 g Margarine, 3 Tropfen Bittermandel, Puderzucker und Zimt zum Bestreuen, Kokosfett zum Ausbacken.

Tipp:
Achten Sie darauf, dass das Fett von den Mutzen nach dem Frittieren gut abgetropft ist.

So geht's:
Zunächst rührt man den Teig aus sämtlichen Zutaten an. Anschließend wird das Kokosfett in einem hohen Topf geschmolzen. Sobald dieses richtig heiß ist, gibt man den Teig mit zwei Teelöffeln Stück für Stück in das Fett.

Sind die Mutzen knusprig braun, werden sie mit einem Schöpflöffel herausgenommen. Die Mutzen können, sobald sie ausgekühlt sind, mit Puderzucker und Zimt bestreut werden.

Schokokuss und schönen Gruß

Zutaten:
Schokoküsse, Puderzucker, Zitronen-saft, Lebensmittelfarbe, dünne Pinsel, Streusel etc.

Tipp:
Die Schokoküsse können Sie anstelle von Tischkärtchen verwenden. Somit kann auch jedes Kind seinen Schoko-kuss als Nachtisch genießen!

So geht's:
Aus dem Puderzucker, dem Zitronensaft und der Lebensmittelfarbe wird jeweils ein Guss in verschiedenen Farben an-gerührt. Nun schreibt man mit dem Guss und einem Pinsel den Namen eines Gastes auf einen Schokokuss. Die Schokoküsse können anschließend noch mit bunten Streuseln oder Smarties und dem Puderzuckerguss verziert werden.

Obstfondue für kleine Schleckermäuler

Zutaten:
Verschiedene Obstsorten, Mandeln, Nüsse, Rosinen, Schokolade, Sahne, 1 Päckchen Vanillezucker, Quark

So geht's:
Das Obst wird in mundgerechte Stücke geschnitten, auf einem großen Teller ausgelegt und mit Mandeln, Nüssen oder Rosinen dekoriert. Dazu werden verschiedene Saucen zum Dippen gereicht, die entweder fertig gekauft oder selbst angerührt sind. Beispiels-weise kann man aus geschmolzener Schokolade einen köstlichen süßen Dipp machen.

Aus Sahne, Vanillezucker und Quark entsteht eine erfrischende Sauce und mit pürierten Erdbeeren und Honig erhält man schnell eine fruchtige Dipp-Variante.
Bei dieser Auswahl an Obst und Saucen wird für jedes Kind etwas dabei sein und kann auch wunderbar als Snack für Zwischendurch gereicht werden.

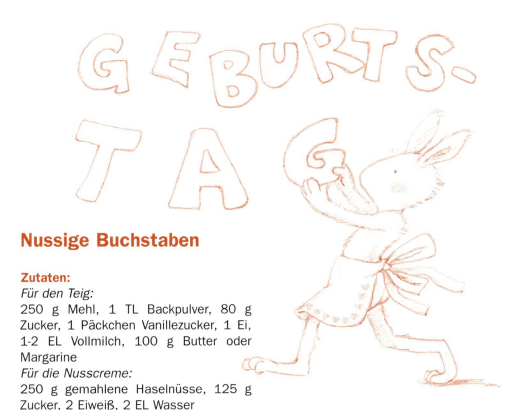

Nussige Buchstaben

Zutaten:
Für den Teig:
250 g Mehl, 1 TL Backpulver, 80 g
Zucker, 1 Päckchen Vanillezucker, 1 Ei,
1-2 EL Vollmilch, 100 g Butter oder
Margarine
Für die Nusscreme:
250 g gemahlene Haselnüsse, 125 g
Zucker, 2 Eiweiß, 2 EL Wasser

So geht's:
Aus dem Mehl, dem Backpulver, dem
Zucker, dem Vanillezucker, dem Ei, der
Milch und der Butter knetet man einen
Teig.
Für die Nusscreme werden 2 Eiweiß
steifgeschlagen und anschließend die
restlichen Zutaten der Masse unter-
gerührt.

Nun wird der Teig dünn ausgerollt, mit
der Nusscreme bestrichen und dann
zusammengerollt. Von der Teigrolle
schneidet man schmale Stücke ab und
formt daraus Buchstaben. Die Buchstaben werden dann vorsichtig auf das
mit Backpapier ausgelegte Blech gelegt
und bei 175° ca. 25 Minuten gebacken,
bis sie leicht gebräunt sind.

Apfelgesichter

Zutaten:
Pro Apfelgesicht einen kleinen Apfel, Schokolade, Mandeln, Rosinen, ein scharfes Messer, Zahnstocher, Tesafilm, Schere, Stift, Tonpapier

So geht's:
Zunächst schmilzt man in einem Wasserbad die Schokolade, bis sie flüssig ist. Nun wird das Apfelgesicht gestaltet: Als erstes schneidet man für die Augen zwei kleine Löcher in den Apfel und füllt diese mit Rosinen. Als Nase wird eine Mandel in die Mitte des Apfels gesteckt und zum Schluss malt man mit der Schokolade einen fröhlichen Mund.

Tipp:
Fertigen Sie für jedes Kind ein Apfelgesicht mit Namensschildchen an. Dieses Schild können Sie ganz einfach mit einem Zahnstocher in den Apfel stecken.

Knuspriges Namensschild

Zutaten:
250 g Vollkornmehl, 1 TL Backpulver, 80-100 g Zucker, 1 Päckchen Vanillezucker, 125 g Margarine, 1 Ei, Schokolade, Pinsel, gehackte Pistazien, Mandelstifte o.ä.

So geht's:
Zunächst wird aus dem Mehl, Backpulver, Zucker, Vanillezucker, Ei und der Margarine ein Teig geknetet.
Dann teilt man den Teig entsprechend der Anzahl der Gäste in gleichgroße Stücke auf. Aus jedem Teigstück wird zunächst eine Kugel geformt und anschließend in eine runde flache Form ausgerollt. Auf ein mit Backpapier ausgelegtes Blech werden die Teile bei 175° ca. 10-15 Minuten gebacken.
Während die Teigkreise erkalten, wird die Schokolade im Wasserbad aufgelöst. Mit der flüssigen Schokolade schreibt man anschließend die Namen der Gäste auf die gebackenen Schilder. Zum Schluss können Pistazien, Mandelstifte o.ä. mit Hilfe der flüssigen Schokolade als Verzierung auf die Namensschilder befestigt werden.

Tipp:
Sie können vor dem Backen ein kleines Loch in das Kuchenstück stechen, durch das danach ein Band gezogen werden kann. Jedes Kind kann sich dann sein Namensschild umhängen.

Die Namensschilder können Sie auch einfach als essbare Tischkärtchen für den Geburtstagstisch verwenden.

Kleines Schiff, wo fährst du hin?

Zutaten:
Ein fertiggebackener Kuchen in Kasten-
form, Schokoladenguss, Puderzucker,
Zitronensaft, blaue Lebensmittelfarbe,
ein hölzerner Schaschlikstab, buntes
Tonpapier, Schere, Pinsel

Tipp:
Verzieren Sie das Schiff gemeinsam mit
Ihrem Kind weiter. Ein Keksröllchen mit
Schokoladenglasur kann z. B. als
Schornstein dienen. Oder stellen Sie an
Deck eine ganze Schiffsmannschaft aus
Gummibärchen auf.

So geht's:
Zunächst überzieht man den fertigen
Kuchen mit dem Schokoladenguss.
Während der Guss trocknet, wird aus
dem Tonpapier ein dreieckiges Segel
ausgeschnitten. Das Segel kann man
lustig bemalen und verzieren oder
man schreibt einfach die Geburtstagszahl darauf. Anschließend wird das Segel
auf den Schaschlikstab aufgespießt und
in den Kuchen gesteckt.

Jetzt fehlt nur noch das Wasser, in
dem das Schiff schwimmt. Dazu rührt
man aus Puderzucker, Zitronensaft
und einigen Tropfen blauer Lebensmittelfarbe einen Guss, den man mit
einem Backpinsel an den unteren Rand
des Schiffes streicht.

Pfannkuchentorte

Zutaten:

250 g Mehl, 3 Eier, 125-150 ml Vollmilch, 1 Päckchen Vanillezucker, eine Prise Zimt, Erdbeermarmelade, 500 g Erdbeeren, 200 g Quark, 200 g Schmand, 100 g Zucker

So geht's:

Zunächst rührt man aus Mehl, Eiern, Milch, Vanillezucker und Zimt einen Teig und backt daraus mehrere dünne Pfannkuchen. Quark, Schmand und Zucker rührt man zu einer Creme. Die Erdbeeren werden gewaschen, entstielt und anschließend in Viertel geschnitten. Jetzt kann damit begonnen werden, die Pfannkuchen aufeinander zu schichten. Zunächst wird ein Pfannkuchen dünn mit Erdbeermarmelade bestrichen und anschließend darauf 1-2 Esslöffel Quarkcreme und Erdbeeren verteilt. Danach werden weitere Pfannkuchen auf den Turm gelegt und ebenso mit Marmelade, Quark und Erdbeeren bestrichen.

Tipp:

Diese Pfannkuchentorte ist sehr erfrischend und nicht allzu süß. Im Sommer, wenn es richtig heiß ist, kann sie beispielsweise auch ein Mittagessen ersetzen und macht trotzdem richtig satt. Am besten schmeckt diese außergewöhnliche Torte übrigens, wenn sie richtig schön kalt ist!

Party-Berliner

Zutaten:
400 g Mehl, 1 Würfel Hefe, 80 g Zucker, 175 ml warme Vollmilch, 50 g Butter, Kokosfett zum Ausbacken, Kuchengitter, Schokolade oder Puderzucker für den Guss, Streusel, Smarties, etc.

So geht's:
Zunächst erhitzt man die Milch und lässt etwas Butter darin schmelzen. Anschließend werden Mehl, Zucker, Hefe (vorher zerbröseln) und Milch in einer Schüssel miteinander verrührt. Jetzt deckt man die Schüssel mit einem Handtuch ab und lässt den Teig eine Stunde lang an einem warmen Ort aufgehen. Anschließend teilt man den Teig in mehrere gleichgroße Teile und rollt diese zu kleinen Kugeln. Die Teigkugeln sollten dann noch einmal ca. 15 Minuten, abgedeckt mit einem Handtuch auf einem Blech, aufgehen.
Nun können die Kugeln im Kokosfett ca. 4 Minuten lang ausgebacken werden. Die gebackenen Berliner lässt man anschließend auf einem Kuchengitter o.ä. abtropfen und auskühlen. Jetzt noch etwas Puderzucker darüber streuen – fertig sind die Party-Berliner.

Tipp:
Sie können die Berliner auch mit Marmelade oder Schokolade füllen. Dazu nehmen Sie eine Spritztüte und füllen die Berliner bevor diese im Kokosfett ausgebacken werden.

Gestalten Sie mit Ihrem Kind die unterschiedlichsten Berliner: Mit Puderzucker oder mit einem Guss aus weißer Schokolade oder Puderzucker. Natürlich können Sie auch dunkle Schokolade verwenden. Mit Streuseln oder Smarties können Sie die Berliner auch noch z. B. mit lustigen Gesichtern verzieren.

Achtung, der Zug fährt gleich ein!

Zutaten:
Kleine tiefgefrorene Biskuitröllchen, Schokolinsen oder ersatzweise kleine runde Kekse, Puderzucker, Zitronensaft, ein Waffelröllchen und etwas Watte

So geht's:
Diese lustige Eisenbahn ist schnell gemacht und lässt sich problemlos vorbereiten.

Die Biskuitröllchen lässt man etwas auftauen, bis man sie schneiden kann. In der Zwischenzeit wird aus etwas Puderzucker und Zitronensaft ein klebriger, recht zähflüssiger Brei als Klebstoff angerührt. Für die Lokomotive mit Führerhaus schneidet man eine Biskuitrolle in der Hälfte durch und klebt ein Teil mit der Schnittstelle auf eine andere Biskuitrolle.

Als dampfender Schornstein nimmt man ein Waffelröllchen und steckt es vor dem Führerhaus in die querliegende Bisquitrolle. Auf dem Waffelröllchen wird etwas Watte mit dem Puderzuckerguss geklebt.

An den Seiten der Lokomotive und der Waggons, die aus den restlichen Biskuitröllchen gefertigt werden, befestigt man mit Guss noch je 2 Schokolinsen oder runde Kekse, die die Räder der Eisenbahn darstellen. Und los geht die Fahrt!

Pi-Pa-Popcorn

Zutaten:
Maiskörner (Popcornmais), etwas Öl, Zucker oder Kräutersalz, einen großen Topf mit Deckel

Tipp:
Popcorn können Sie schnell zubereiten, ist nicht so süß und eignet sich somit wunderbar als Zwischenmahlzeit. Auch die Kinder haben großen Spaß dabei und wollen vielleicht selber mal Popcorn spielen und zu Tanzmusik umherspringen und hüpfen.

POP - POP - POP - POPCORN

So geht's:
Der Topf wird mit so viel Öl gefüllt, bis der gesamte Topfboden damit bedeckt ist. Nun wird das Öl so lange erhitzt bis kleine Bläschen aufsteigen. Anschließend wird die Temperatur zurückgedreht und man gibt den Popcornmais hinzu, bis der Boden leicht damit bedeckt ist. Jetzt unbedingt den Topf mit dem Deckel verschließen.

Nach einer Weile beginnt es im Topf zu rumoren und der Mais poppt auf. Wenn kein Geräusch mehr zu hören ist, wird der Topf vom Herd genommen und das Popcorn in eine große Schüssel gegeben. Nun kann das Popcorn entweder mit etwas Zucker oder ein wenig Kräutersalz betreut werden. Fertig!

Bunter Pausensnack

Zutaten:

Frisches Gemüse (beispielsweise Cocktailtomaten, Gurke, Paprika, Kohlrabi, Blumenkohl, Möhren), Joghurt, Quark, Knoblauch, Mayonnaise, Ketchup, frische Kräuter, Salz

So geht's:

Dieser bunte Snack mit frischem aufgeschnittenen Gemüse ist eine deftige Variante für eine Zwischenmahlzeit. Das Gemüse wird gewaschen, geputzt und in kleine Stücke geschnitten. Dazu werden verschiedene Saucen zum Dippen gereicht, die schnell angerührt sind:

Einen Esslöffel Mayonnaise, eine Knoblauchzehe (klein zerhackt) und etwas Naturjoghurt zu einer Sauce verrühren.

Zaziki oder Quark aus frischen Kräutern können ohne weitere Zugaben als Dipp gereicht werden. Für eine Cocktailsauce verrührt man Mayonnaise, Ketchup und etwas Joghurt.

Süße bunte Eiswürfel

Zutaten:

Ein Eiswürfelbehälter, Erdbeeren, Bananen oder Pfirsiche, 1 EL Honig, ggf. 1 Päckchen Vanillezucker, ein hoher Plastikbehälter und ein Pürierstab

So geht's:

Zunächst wird das Obst gewaschen, geschält und entstielt. Anschließend werden die Früchte in kleine Stücke geschnitten und zu einem Mus püriert. Zum Schluss rührt man in die Masse noch einen Esslöffel Honig und ggf. Vanillezucker unter und füllt das Fruchtmus dann in den Eiswürfelbehälter. Nun werden die fruchtigen Würfel im Tiefkühl- oder Gefrierfach gefroren.

Die bunten Eiswürfel können zu Mineralwasser, verdünntem Fruchtsaft, Milch oder einem Milchmixgetränk angeboten werden.

Tipp:

Mit gezuckerten Johannisbeeren können Sie auch „hüpfende Eiskugeln" vorbereiten. Werden die gefrorenen Beeren in ein Glas mit Sprudel gegeben, bewegen sich die kleinen Eiskugeln auf und ab.

Karibikdrink

Zutaten:
1 Liter Ananassaft, eine Dose mit Ananasstücken, Vanilleeis, 0,5 Liter Sprudel

So geht's:
Der Ananassaft wird mit dem Sprudel und den Ananasstücken in einen großen Krug oder in eine große Schüssel gegeben und verrührt. Der Karibikdrink wird dann den Kindern mit einer kleinen Kugel Vanilleeis und einem tollen Trinkhalm serviert.

Tipp:
Wenn Sie möchten, können Sie auch frische Ananas verwenden, zum Beispiel eine kleine Ananas für jedes Kind. Bei dieser Miniananas lösen Sie zuerst das Fruchtfleisch und füllen dann noch etwas Saft oder Wasser nach.

Oder aber Sie nehmen große Ananas, aus der mehrere Kinder trinken können. Dafür schneiden Sie das obere Stück der Ananas mit dem Strunk ab und schneiden darin kleine Löcher für Strohhalme hinein. Dann lösen Sie das Fruchtfleisch und füllen die Ananas mit etwas Saft oder Wasser auf. Mit Zahnstochern können Sie den Strunk wieder befestigen und anschließend die Trinkhalme durchstecken.

Fruchtige Erfrischung

Zutaten:
Ein Liter Früchtetee, eine Tasse Beeren (je nach Saison Johannisbeeren, Brombeeren, Himbeeren oder ersatzweise auch tiefgefrorene Früchte), 2 Orangen.

So geht's:
Zunächst kocht man den Früchtetee und lässt ihn anschließend einige Minuten ziehen. Ist der Tee abgekühlt kann man die Beeren hinzugeben und je nach Geschmack mit etwas Honig süßen.
Nun werden vor dem Servieren die Orangen ausgepresst. In jedes Glas kommt dann zu dem fruchtigen Tee noch ein guter Schuss frischer Orangensaft. Einfach Lecker!

Endlich habe ich Geburtstag!

Hurra, du hast Geburtstag

Text: August van Bebber / Musik: Detlv Jöcker

Refrain

Hur - ra, hur - ra, hur - ra, du hast Ge - burts - tag. Hur -

1. ra, hur-ra, da gra-tu-lie-ren wir. Hur - 2. sind wir hier bei dir. So

lang hast du ge-war-tet. Es war ge-nau ein Jahr. Und

heut ist dein Ge-burts-tag, drum schrein wir laut: Hur-ra! Hur -

ra, hur-ra, hur-ra, du hast Ge-burts-tag. Hur-ra, hur-ra, da

Strophe

gra-tu-lie-ren wir. 1. Wir fei-ern ei-ne tol-le Par-ty, denn

heu-te ist bei uns was los. Es kom-men vie-le gu-te

Freun-de, und da-rum ist die Freu-de groß. So

fest - lich ist der Tisch ge - schmückt, der Ku - chen steht be - reit. Die

Jah - res - ker - zen bren - nen schon, jetzt ist es schon so weit. *Da Capo*

Refrain: Hurra, hurra, du hast Geburtstag ...

2. Wir feiern eine tolle Party,
   denn heute ist bei uns was los.
   Und jeder gratuliert dir gerne,
   das Telefon geht pausenlos.
   Der Postbote, der klingelt auch,
   steht lachend in der Tür,
   hält in der Hand Geburtstagspost,
   die überreicht er dir.

Refrain:
Hurra, hurra,
du hast Geburtstag ...

Lustige Spielaktionen

Endlich ist der Geburtstag da! Dieser Tag ist für Kinder immer ein besonderes Ereignis. Mit den nachfolgenden Spiel- und Bastelvorschlägen wird der Geburtstag bestimmt ein lustiger und erlebnisreicher Tag, der lange in Erinnerung bleibt.

Bunter Schuhsalat

Material:
Alle Schuhe von den anwesenden Gästen, je nach Anzahl ggf. auch einige mehr.

So geht's:
Alle Schuhe werden jeweils am rechten und am linken Schnürsenkel verknotet oder mit einer Schleife zusammengebunden bis eine lange Schuhkette entsteht. Falls auch Schuhe mit Schnallen dabei sind, kann man die Schnürsenkel eines anderen Schuhs einfach durch die Schnalle ziehen und dann verknoten. Nun müssen die Kinder die Schuhe wieder entwirren und das eigene Schuhpaar finden.

Tipp:
Diese Spielaktion eignet sich gut, wenn Sie nach einer Mahlzeit oder einigen anderen Spielaktionen mit den Kindern ins Freie gehen wollen. Das macht das lästige Anziehen nämlich nicht nur interessanter, sondern auch lustiger!
Achten Sie jedoch darauf, dass die Knoten nicht allzu fest sind.

Babyraten

Material:

Ein Babyfoto von jedem Kind (vorab auf der Einladung die Gäste darum bitten, solch ein Foto zur Feier mitzubringen), ein großen Bogen Tonkarton, Fotoecken, dicker Filzstift, pro Spieler ein Blatt Papier und ein Stift

So geht's:

Sämtliche Bilder werden mit Hilfe der Fotoecken auf dem Bogen Tonkarton befestigt. Somit können diese nach dem Spiel den Kindern unbeschadet wieder zurückgegeben werden. Anschließend werden die Bilder fortlaufend nummeriert; die Nummern können einfach unter den Bildern auf den Karton notiert werden. Nun erhält jedes Kind ein Blatt Papier und einen Stift. Die Mitspieler notieren sich zuerst alle Nummern, die unter den Fotos stehen und geben dann ihren Tipp ab. Zum Schluss wird das Babyrätsel in gemeinsamer Runde gelöst.

Tipp:

Mit jüngeren Kindern könncn Sie die Fotos auch in gemeinsamer Runde durchsehen und zusammen raten, welches Babyfoto zu welchem Kind gehört.

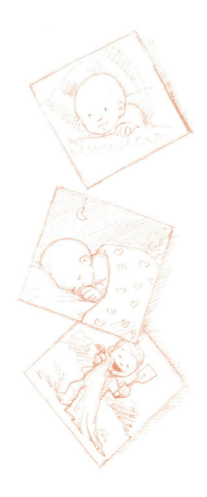

Heute machen wir Rabatz

Material:
Einfache Materialien aus der Küche und dem Kinderzimmer

So geht's:
Wenn gefeiert wird, dann kann man auch mal richtig Rabatz machen: Singen, Toben, Lachen und Krach machen. Mit Topfdeckeln, Töpfen, Kochlöffeln ö.ä. kann man herrlich schräge Partymusik machen!

Aber nicht nur damit. Mit Zeitungspapier oder Cellophanfolie können „Rabatzmusiker" toll rascheln. In dem Berg von Geschenkverpackungen wird sicherlich das eine oder andere hier eine lustige „Verwertung" finden!

Für Rasseln werden Schachteln mit Perlen, kleinen Steinen oder Murmeln gefüllt und die Öffnungen anschließend mit breitem Klebeband zugeklebt.

Oder man füllt leere Gläser mit Zucker, Reis oder Erbsen und hat damit ebenfalls ein tolles Instrument für die „Rabatzband".

Herrliche schiefe Quietschtöne erhält man mit einem Luftballon, indem man ihn etwas aufbläst und anschließend nur wenig Luft wieder entweichen lässt. Oder man knotet den aufgepusteten Luftballon zu und reibt außen fest an dem Ballon.

Tipp:
Falls Sie über eine Videokamera verfügen, wäre dies eine gute Gelegenheit zu filmen. Sicher finden sich auch einige gute Gelegenheiten für witzige Schnappschüsse. Denn wann dürfen die Kinder schon mal so ausgelassen sein, wie an diesem Tag?

Büro, Büro

Material:
Jede Menge Büroklammern

So geht's:
Die Kinder teilen sich in zwei Spiel-gruppen auf. Jede Gruppe erhält diesel-be Anzahl an Büroklammern, z.B. je 50 Stück. Auf los geht's los: Welche Gruppe hat zuerst alle 50 Büroklammern zu einer langen Schlange gefädelt?
Danach kann das Spiel umgekehrt durchgeführt werden: Welche Spiel-gruppe bekommt die Büroklammern am schnellsten wieder auseinander, ohne dass sie dabei zu sehr verbogen werden.

Tipp:
Lassen Sie die Kinder eine Zeit lang mit den Büroklammern experimentieren.

Weitere Spielaktionen mit Büroklam-mern:
Bilder legen, Ketten fädeln, ein Büro-klammermännchen bauen, die Anzahl der Büroklammern in einem Topf schät-zen.

Ein Hase hüpft im Gras

Material:
Kein Material notwendig!

So geht's:
Alle Kinder sitzen im Kreis auf dem Boden.
Ein Kind beginnt und sagt:
„Ein Hase ..."
Das nächste Kind sagt:
„... 4 Pfoten ..."
Das dritte Kind sagt:
„... springt durchs Gras ..."
Das vierte Kind sagt:
„... Hippel, Hoppel ..."
Anschließend beginnt das nächste Kind von vorne und sagt:
„Zwei Hasen ..."
„... 8 Pfoten ..."
„... springen durchs Gras ..."
„... Hippel, Hoppel - Hippel, Hoppel"
Verspricht sich ein Kind, muss es eine Runde aussetzen.

Tipp:
Dieses Spiel ist nur für ältere Kinder geeignet, die schon zählen können. Denn je mehr Hasen es werden, desto komplizierter wird das Ganze ...
Das Spiel wird noch lustiger, je schneller der passende Text gesagt wird.

Fotoquiz für Detektive

Material:
Zahlreiche Fotos, auf denen Gegenstände oder Zimmer bzw. Stellen aus der Wohnung zu sehen sind.

So geht's:
Jeder Spieler erhält einige Fotos, auf denen Gegenstände oder/und Zimmerausschnitte aus der Wohnung abgebildet sind. Diese Orte oder Gegenstände müssen nun schnellstmöglich gefunden werden. Doch das ist gar nicht so leicht, weil die Fotos ja nur einen kleinen Ausschnitt zeigen und man die richtige Umgebung erst finden muss!

Tipp:
Überprüfen Sie vorher, ob vor allem die Gegenstände noch an der selben Stelle wie auf dem Foto stehen.
Jüngere Kinder können die Ausschnitte auf den Fotos auch gemeinsam suchen; so entsteht keine Konkurrenz.
Mit älteren Kindern können Sie in kleinen Gruppen ein Wettspiel durchführen.

Da oben auf dem Berge

Material:
Ein großer Teller, Gummibärchen, Mehl, stumpfes Messer

So geht's:
Auf dem Teller wird ein großer Mehlberg aufgetürmt. Ganz oben auf die Berg-spitze setzt man ein Gummibärchen.
Die Kinder sitzen an einem Tisch um diesen Teller herum. Der erste Spieler darf mit dem Messer ein Stück vom Mehlberg abschneiden und gibt das Messer anschließend an den nächsten Spieler weiter. Es wird so lange immer ein Stück vom Mehlberg abgeschnitten, bis das Gummibärchen von der Berg-spitze fällt. Dann muss der Spieler, bei dem das Gummibärchen heruntergefal-len ist, das Bärchen ohne Hilfe der Hände aufessen. Aber dabei bloß nicht lachen, sonst pustet man sich nämlich das ganze Mehl ins Gesicht!

Tipp:
Dieses Spiel führen Sie am besten in der Küche oder bei schönem Wetter draußen durch. Denn wenn das Kind lacht, während es das Gummibärchen zu essen versucht, wird das Mehl in sein Gesicht und vielleicht auch mal etwas neben den Tisch gepustet.

Zum Geburtstag kommen wir

Text: Rolf Krenzer / Musik: Detlev Jöcker

Zum Ge-burts-tag kom-men wir, und wir gra-tu-lie-ren dir.

Freu-de, Glück und gu-tes Le-ben mö-ge dir der Him-mel ge-ben.

Ja, das wün-schen wir und gra-tu-lie-ren dir!

Spielvorschlag:

→ *Das Geburtstagskind steht im Kreis*
Zum Geburtstag kommen wir,
→ *Mit beiden Händen auf sich zeigen*
und wir gratulieren dir.
→ *Die Arme nach vorn hin öffnen und*
  mit beiden Händen auf das
  Geburtstagskind zeigen
Freude, Glück und gutes Leben
→ *Die Hände nach oben werfen und*
  in den Himmel schauen
Ja, das wünschen wir
und gratulieren dir.
→ *In die Hände klatschen*

Geschenke für das Geburtstagskind

Text: August van Bebber / Musik: Detlev Jöcker

Refrain G

Ge - schen - ke für das Ge - burts - tags - kind. Ge -

D7   G   am   G

schen - ke, da freust du dich be - stimmt. Ge - schen - ke an die-sem

em   C   D

schö - nen Tag. Ge - schen - ke, weil dich ein je - der

G   *Strophe*

mag.   1. So ein klei - ner Ku - schel - ha - se

D7   G

mit 'ner di - cken Schnup - per - na - se. O - der ei - nen See - pi - ra - ten

D7   G   H7   em

und ein gro - ßes Schiff im Gar - ten. Ei - ne neu - e Ba - de - ho - se,

A   D   H7   em

Nu - deln mit To - ma - ten - so - ße. Und ein neu - es Moun - tain - bike, der

Pa - pa heut mit ganz viel Zeit. Zum Ge - burts - tag wünsch ich

mir ge - nau so ein Ge - schenk von dir.

2. Zauberkoffer, Abenteuer.
   Eine Nacht am Lagerfeuer.
   Puzzle, Poster, schöne Spiele.
   Aufblasbare Krokodile.
   Eine Puppe, einen Trecker,
   und am Sonntag kein Gemecker.
   Lieber eine Süßigkeit.
   Die Mama heut mit ganz viel Zeit.
   Zum Geburtstag wünsch ich mir,
   genauso ein Geschenk von dir.

Tiefseetauchen

Material:
Badewanne oder ein Kinderplanschbecken, eine Suppen- oder Schöpfkelle,
Schwimmtiere, Muscheln, Plastikfische
u.ä., ein Tuch

So geht's:
Die Badewanne wird mit Wasser gefüllt.
Anschließend werden Muscheln, Plastikfische, Murmeln u.ä. in die Badewanne
gegeben. In Goldfolie gewickelte Steinchen können als Goldstücke von einem
Piratenschatz in die Badewanne versenkt
werden.
Ein Kind beginnt und darf sein Glück
beim Tiefseetauchen versuchen. Dazu
bekommt es die Augen verbunden,
schließlich kann man so tief unten im
Meer kaum etwas erkennen. Mit der
Schöpfkelle wird nun versucht etwas zu
fischen. War der Versuch erfolgreich, ist
der nächste Tiefseetaucher an der
Reihe!

Tipp:
Im Sommer können Sie diese
Spielaktion im Freien stattfinden lassen.
Dazu stellen Sie eine große Wanne mit
Wasser oder ein Kinderplanschbecken
auf. Dann kann das Wasser beim Spielen
auch etwas über die „Ufer" treten.

Autorennen

Material:
Mindestens zwei Bobbycars o.ä., Tesakrepp

So geht's:
Heute steigt das große Autorennen auf dem Nürburgring. Die Kinder werden in zwei oder ggf. mehr Gruppen aufgeteilt und die Start- und Ziellinie mit Tesakrepp markiert.

Nach dem Startkommando kann das Rennen losgehen. Wer ist zuerst am Ziel?

Tipp:
Je größer die Kinder sind, desto schwieriger ist es mit den Autos zu fahren.

Für ältere Kinder können Sie diese Spielidee noch spannender gestalten, indem man einen kleinen Rennparcours absteckt.

Das ist meine Party

Text: August van Bebber / Musik: Detlev Jöcker

Das ist mei - ne Par - ty! Und ihr seid al - le da.

Wir sind gern ge - kom - men, das

ist doch son - nen - klar. Das ist mei - ne

Par - ty! Und ihr seid al - le da.

Wir sind gern ge - kom - men. Viel Glück fürs

nächs - te Jahr. 1. Schön, dass ihr ge -

kom - men seid, denn jetzt be - ginnt die Spie - le - zeit.

„Rei - se nach Je - ru - sa - lem"! Ja, das ist al - les,

was ich kenn. Ich find „Stil - le Post" sehr schön. Und
ich möcht ger - ne „Fla - schen - drehn". „Rin - ge - wer - fen",
das ist gut. Viel - leicht kennt je - mand „Fang den Hut"?

Refrain: Das ist meine Party ...

2. Nein, wir spielen „Blinde Kuh"!
   Und ich bind dir die Augen zu!
   „Hüpfhäuschen" ist wirklich schön!
   Und ich muss zur Toilette gehn!!
   „Plumpsack!" Das ist wirklich toll!
   „Versteinern" find ich wundervoll.
   „Äuglein zwinkern". Na? Was ist?!
   Ooh, nein! Das ist doch wirklich nichts!

Refrain: Das ist meine Party ...

3. Kinder! Ich hab 'ne Idee!
   Wir gehn schon jetzt ins Eiscafe!
   Die Spiele kommen später dran,
   weil das ja auch noch warten kann!
   Danach können wir zum Spielplatz gehn.
   Wo die großen Schaukeln stehn?
   Na klar. Und dann gehn wir zurück ...
   ... und du zeigst uns 'nen Zaubertrick! Juhuuuu...

Refrain: Das ist meine Party ...

Kunterbunt, heut' geht's rund

Material:

Tonkarton, Fingerfarben, Tennisball, Abdeckplane

So geht's:

Zunächst wird der Boden mit der Abdeckplane abgedeckt. Dann schneidet man aus dem Tonkarton einen Kreis aus. Dieser Kreis sollte so groß sein, dass alle Kinder sich bequem darum herum setzen können. Nun bestreichen Sie den Tennisball mit einer Fingerfarbe ein.

Jetzt können sich die Kinder den Ball gegenseitig zukullern. Der Ball hinterlässt auf dem Karton schöne bunte Streifen und kann immer wieder mit einer anderen Fingerfarbe bestrichen werden.

Tipp:

Dieses kunterbunte Bild kann dann als schöne Erinnerung an die lustige Gesellschaft im Kinderzimmer aufgehängt werden!

So viel Besuch!

Material:

Tonkarton, Locher, Kordel

So geht's:

Jedes Kind schneidet aus dem Tonkarton eine Blüte aus und schreibt darauf seinen Namen. Die Blüten werden anschließend in der Mitte gelocht, so dass man eine Kordel durchziehen kann. Diese Gäste-Girlande kann später im Kinderzimmer aufgehängt werden.

Tipp:

Hängen Sie an die Girlande noch Luftballons, Luftschlangen o.ä. So wird der Zimmerschmuck noch bunter und schöner.

Nasser Partyspaß

Material:
Ein Plastik- oder Pappbecher, Wasser, ein wasserfester Stift, Abdeckplane

So geht's:
Zunächst wird der Boden mit einer Abdeckplane abgedeckt. Dann setzen oder stellen sich alle Kinder auf die Plane in einem Kreis auf. Der Becher wird mit Wasser gefüllt und die Wasserhöhe mit dem Stift markiert. Nun nimmt der erste Spieler den Rand des gefüllten Bechers in den Mund und reicht ihn an seinen linken Nachbarn weiter, der diesen ebenfalls mit seinem Mund entgegen nimmt. Nach einer Runde wird gemessen, wieviel von dem Wasser noch im Becher übrig geblieben ist!

Tipp:
Wenn viele Kinder anwesend sind, kann man dieses heitere, nasse Spiel auch mit zwei Gruppen durchführen. Dabei werden die gefüllten Becher nach dem Startsignal gleichzeitig weitergereicht.
Welche Gruppe hat den Becher zuerst herumgereicht? Wer hat noch das meiste Wasser im Becher?

Lustiges Apfelessen

Material:
Hut, Sonnen- oder Taucherbrille, Schal, ggf. Handschuhe, Gabel, zwei Würfel, ein Apfel

So geht's:
Alle Kinder sitzen zusammen im Kreis auf dem Boden oder am Tisch. Das Geburtstagskind darf beginnen und zieht sich schnellstmöglich den Hut, Brille, Schal und ggf. noch die Handschuhe über. Dann piekst es mit der Gabel den Apfel auf und darf diesen verspeisen. Die anderen Kinder würfeln währenddessen reihum mit den beiden Würfeln. Wenn ein Kind dabei einen Pasch würfelt, muss der erste Spieler ganz schnell alle Kleidungsstücke ausziehen und an dieses Kind weiterreichen. Nun zieht dieses sich schnell den Hut etc. an und darf anschließend den Apfel weiteressen.

Tipp:
Diese Spielaktion sollten Sie nur dann durchführen, wenn die Kinder gesund sind. Ist ein Spieler erkältet, sollte man wegen der Ansteckungsgefahr doch lieber auf ein anderes Spiel zurückgreifen!

Verrücktes Wettrennen

Material:
Verschiedene Schuhe z.B. Gummistiefel, Pumps, Flossen, u.a., Tesakrepp, ein Stuhl

So geht's:
Für dieses Spiel benötigt man verschiedene Schuhe möglichst von Erwachsenen. Zunächst markiert man mit Hilfe des Tesakrepps eine Start- und Ziellinie und stellt in einiger Entfernung einen Stuhl auf.

Dann werden die Kinder in zwei oder mehrere Mannschaften aufgeteilt und jedes Kind zieht sich ein paar Schuhe an. Nun beginnt das Wettlaufen ... die Kinder müssen von der Startlinie um den Stuhl und wieder zurücklaufen.

Tipp:
Dieses Laufspiel führt man am besten im Freien auf einer Wiese durch. Dann können sich die Kinder beim Fallen auch nicht verletzen.

Vielleicht haben Sie ja auch noch einige Utensilien zum Verkleiden. Wenn die Kinder sich vorher noch lustig schminken, viel zu große Hüte, ein Kleid oder Opas Latzhose anziehen, macht ihnen das Spiel noch viel mehr Spaß!

Knete auf der Fete

Material:
Knetmasse

So geht's:
Ein Kind darf sich einen Gegenstand ausdenken und ihn dann mit der Knete formen. Das Kind, welches den Begriff errät, darf nun einen neuen Gegenstand kneten.

Tipp:
Sie können auch Zettel vorbereiten, auf denen bereits Gegenstände gemalt oder geschrieben stehen. Die Kinder können versuchen, diese Begriffe zu kneten.

Schnelles Toilettenpapier

Material:
Pro Spieler eine Rolle Toilettenpapier, lustige, flotte Musik, ein Kassettenrekorder

So geht's:
Jedes Kind erhält eine Rolle Toilettenpapier. Sobald die Musik ertönt, rollt jedes Kind so schnell wie möglich das Papier von seiner Rolle ab. Der Umwelt zuliebe sollte man das Spiel aber an dieser Stelle auf keinen Fall beenden. Nun geht es darum das Papier am schnellsten wieder ordentlich aufzurollen, ohne dass es dabei einreißt.

Mein Party T-Shirt

Material:

Pro Kind ein altes Hemd (oder Kittel) und ein weißes T-Shirt, Stoffmalkreide oder Stoffmalstifte, Abdeckfolie

So geht's:

Zunächst wird der Boden oder der Tisch mit einer Abdeckfolie abgedeckt. Die Kinder ziehen sich ein altes Hemd o.ä. über, damit die Kleidung nicht verschmutzt wird. Nun kann jedes Kind sein eigenes Party T-Shirt entwerfen und gestalten. Vielleicht mag einer seine Füße anmalen und mit diesen bunten Fußsohlen über sein T-Shirt stapfen? Oder man bemalt das T-Shirt mit bunten Sternen und kleinen Konfettipunkten.

Tipp:

Damit Sie nicht für jeden Gast ein T-Shirt kaufen müssen, bitten Sie doch auf Ihrer Einladung, dass die Kinder ein altes T-Shirt zum Bemalen mitbringen.

Eine kleinere, preiswerte Alternative ist es, die Kinder weiße Halstücher bemalen zu lassen.
Wer eine Nähmaschine hat, kann aus weißem Stoff auch ganz leicht einige Tücher selber nähen. Dazu schneidet man die entsprechende Größe aus dem Stoff (45 x 45 cm für ein Kinderhalstuch) und näht die Ränder mit einem Zickzack-Stich um.

Achtung:

Legen Sie die Abdeckplane reichlich aus; aus Teppichboden u.ä. kann man die Stofffarbe nicht mehr entfernen!
Verwenden Sie keine flüssige Stoffmalfarbe! Die Farbe benötigt eine sehr lange Trockenzeit!

Clowns, Piraten und Gespenster

Material:
Ein Spiegel, Kosmetiktücher oder ersatzweise Toilettenpapier, Schminkutensilien, evtl. Creme, feuchte Waschlappen und ein dunkles Handtuch zum Abschminken

Tipp:
Sie können die Schminke auch ganz einfach aus einer weißen, möglichst parfümfreien Creme und einigen Farbpigmenten (Apotheken oder Naturgeschäften) selber herstellen. Auf diese Weise können Sie die kreativsten Farbmischungen zusammenstellen!

So geht's:
Kinder lieben es, sich zu verkleiden und zu schminken und damit in eine ganz andere Rolle zu schlüpfen. Wenn Piraten, Hexen, ein Zauberer oder gar ein vorwitziges, schrecklich blasses Gespenst die Party „besuchen", wird die Feier noch lustiger.
Für diese Spielaktion benötigt man eine bunte Palette von Schminkutensilien.

Falls sich ein Kind vermalt hat oder einfach ein anderes „Gesicht" ausprobieren möchte, kann man die Farbe einfach abwaschen.
Kleidungsstücke, Hüte, Sonnenbrillen, Modeschmuck, Kopftücher u.ä. zum Verkleiden können einfach in einem alten Koffer oder Pappkarton bereitgestellt werden.

Tolle Nasen

Material:
Gummiband als Meterware, Schere, Eierkartons, Papprollen, Plakatfarben oder Dekorlack, Pinsel, ggf. noch andere Materialien wie Filz, Klebstoff, Tonpapier o.ä.

So geht's:
Zunächst zerschneidet man den Eierkarton so, dass man einzelne „Eierbecher" erhält. Dann wird am rechten und linken Rand des Kartons jeweils ein kleines Loch gestochen, das Gummiband durch die Löcher gezogen und festgeknotet. Aus leeren Papprollen kann man sich ebenso eine Pappnase basteln.

Nun dürfen alle Kinder ihre Nase bemalen: Beispielsweise eine rote, runde Clown-Nase, eine kleine rosa Schweinchen-Nase oder eine phantastische Hexen-Nase.

Bunter, verrückter Schmuck

Material:
Eine Schnur, Nadel, Utensilien zum Auffädeln (Wattekugeln, Knöpfe, Perlen, Büroklammern, alte Schlüssel u.ä.).

So geht's:
Auf einen Tisch werden alle Utensilien bereitgestellt, aus denen man lustigen Schmuck, wie eine Kette oder ein Armband basteln kann. Je abwechslungsreicher und ausgefallener die bereitgestellten Materialien sind, desto lustiger wird der Schmuck, der daraus hergestellt wird!

Kleine Geschenke und Preise fürs Fest

Auf einer Geburtstagsparty freut sich nicht nur das Geburtstagskind über Geschenke. Auch die Gäste freuen sich über kleine Preise, die sie bei verschiedenen Spielen gewinnen können oder über ein kleines Abschiedsgeschenk zum Ende der Geburtstagsfeier. Diese Preise müssen nicht teuer sein! Kleinigkeiten, wie beispielsweise kleine Spielzeugautos, ein Kartenspiel, lustige Anhänger, können die kleinen Gäste ebenso erfreuen. Oder Sie basteln vor dem Geburtstagsfest mit Ihrem Kind verschiedene Dinge, z. B. Armbänder, die Sie dann als Preise verwenden können.

Lose ziehen

So geht's:
Die Geschenke werden nummeriert und die Zahlen auf kleine Zettel geschrieben. Nun können sich die Kinder zum Ende der Party aus einem Hut einen Zettel ziehen und das jeweilige Geschenk mitnehmen.

Tipp:
Für jüngere Kinder können Sie die Geschenke einfach auf die Zettel aufmalen. Oder Sie malen ein Symbol auf einen Zettel und befestigen einen zweiten Zettel mit dem gleichen Symbol an das Geschenk.

Gut versteckt und doch entdeckt

So geht's:
Entsprechend der Gästezahl werden die Geschenke im Zimmer oder bei schönem Wetter im Garten versteckt. Nachdem alle Kinder ein Geschenk gefunden haben, wird gemeinsam ausgepackt!

Tipp:
Die Kinder können die kleinen Präsente auch gemeinsam suchen; diese werden dann anschließend untereinander verlost.

Krabbelsack

So geht's:
Alle Geschenke werden gut verpackt und in einem „Krabbelsack" (Stoffbeutel, Kartoffelsack o.ä.) versteckt! Zum Ende der Party darf jedes Kind einmal in den Krabbelsack greifen und sich ein Geschenk herausholen.

Für einen guten Zweck

So geht's:

Mit älteren Kindern kann man aus einer Spielaktion mit Gewinnen auch eine Spendenaktion für bedürftige Kinder organisieren. Diese Idee kann man bereits auf der Einladung bekannt geben, so dass die Gäste ausrangiertes Spielzeug oder Kleidungsstücke zur Party mitbringen.

Tipp:

Kennen Sie ein Kinderheim in Ihrer Nähe? Falls die Organisation der Party es zulässt, könnte man im Anschluss das Kinderheim (denken Sie an vorherige Absprache mit der Heimleitung) aufsuchen und die gesammelten Dinge dort abgeben.

Überraschungswolke

Material:

Weißer Stoff oder Tüll, Bindfaden, Schere

So geht's:

An die Zimmerdecke wird weißer Stoff oder Tüll für eine kleine Wolke aufgehängt. An diese Wolke werden nun die kleinen Geschenkpäckchen mit einem Bindfaden befestigt. Nun werden die Kinder nacheinander hochgehoben, um sich ein Präsent davon abzuschneiden.

Tipp:

Würfeln Sie doch die Reihenfolge mit den Kindern aus.

Partyurkunde

So geht's:

Anstatt Geschenke können für die Gäste auch eine Partyurkunde mit dem Namen des Kindes und Datum der Feier ausgestellt werden. Die Urkunde kann beispielsweise wegen einer begeisterten Teilnahme verliehen werden, z. B.:

- Jule war die frechste Hexe
- Nico hat als Pirat die gefährliche Schatzsuche toll gemeistert

Falls das Fest unter einem bestimmten Motto stand, kann man die Urkunden auch mit den Kindern zusammen gestalten.

Tipp:

Haben Sie eine Polaroidkamera? Dann können Sie von jedem Kind während der Feier ein Foto bei einer besonders schönen oder lustigen Spielaktion machen und dieses dann auf die Partyurkunde kleben.

Ballonbonbon

Material:
Ballons

So geht's:
Kleine Geschenke (diese dürfen nicht spitz oder kantig sein) können in Ballons gesteckt werden. Anschließend pustet man die Ballons auf, knotet das Ende fest und hängt sie beispielsweise an die Zimmerdecke oder an einem Sonnenschirm auf.

Am Ende der Party darf jeder Gast einen Ballonbonbon mit nach Hause nehmen.

Tipp:
Die Ballons können auch mit Heliumgas gefüllt werden, so dass sie fliegen können. Erkundigen Sie sich in entsprechenden Geschäften nach den Kosten.

Das war ein schöner Tag

Das Fest ist vorbei, nun kehrt Ruhe ein!

Nach einem aufregenden und turbulenten Geburtstag können Kinder oft trotz Müdigkeit und Erschöpfung keine Ruhe finden. Dieses Kapitel bietet eine Vielzahl an Möglichkeiten, diesen erlebnisreichen Tag ruhig und entspannt ausklingen zu lassen. Die Vorschläge eignen sich ebenfalls dazu, gemeinsam mit den Kindern Erinnerungsstücke zu basteln.

Ein tolles Fest!

So geht's:

Die Kinder können zum Ende der Feier ein schönes Bild für das Geburtstagskind malen, beispielsweise welches Spiel ihnen am besten gefallen hat oder welches Ereignis am Lustigsten war. So findet das Geburtstagsfest einen harmonischen, ganz ruhigen Ausklang. Die Bilder kann das Geburtstagskind später in sein Geburtstagsbuch (sh. Idee auf S. 14) kleben oder als schöne Erinnerung in einer Sammelmappe aufbewahren!

Tipp:
Fotografieren Sie während der Feier den Geschenketisch und/oder die Kinder bei verschiedenen Spielen. Ein Gruppenbild mit allen Gäste ist ebenfalls eine schöne Erinnerung.

Das war richtig schön

Text: August van Bebber / Musik: Detlev Jöcker

1. Al - le sind nach Haus ge - gan - gen, kei - ner woll - te
wirk - lich weg. Trotz-dem bin ich rich - tig glück-lich,
und ich freu mich auf mein Bett. Un - ter mei - ner
Ku - schel-de - cke, die ich ganz be - son - ders mag,
fan - ge ich dann an zu träu - men, denn heut war mein
schöns - ter Tag. Das war rich - tig
schön, und ich mag euch sehr da - für. Ihr wart rich - tig

lieb, kommt bald wie - der her zu mir. Das war rich - tig

schön, wa - rum ist es schon vor - bei. Das war wun - der -

schön, dass ich mich noch ganz ganz lan - ge freu!

2. Alle sind zu mir gekommen,
   haben mir was mitgebracht.
   Und ich konnte kaum noch warten,
   bis die Päckchen aufgemacht.
   Alle waren ganz gespannt darauf,
   ob ich ihr Geschenk auch mag.
   Und ich fand sie alle super,
   denn heut war mein schönster Tag.

3. Meine Eltern, große Klasse,
   haben alles mitgemacht.
   „Schließlich hast du heut Geburtstag!"
   und sie hab'n sich angelacht.
   Ich bin froh, dass ich sie habe,
   weil ich sie besonders mag.
   Und bei Ihnen ist es auch so,
   drum war heut mein schönster Tag.

Refrain: Das war richtig schön …

Refrain: Das war wirklich schön
und ich mag euch sehr dafür.
Ihr wart richtig lieb,
kommt bald wieder her zu mir.
Das war wirklich schön,
warum ist es schon vorbei?
Das war wunderschön,
dass ich mich noch
ganz, ganz lange freu!

Bunte Erinnerung

Material:
Tonkarton, Wasserfarbkasten, Pinsel, eine Schüssel mit Wasser

So geht's:
Auf einem Tonkarton kann jedes Kind seine Hände als bunten Abdruck hinterlassen. Dafür bemalen sich alle die Hände mit Wasserfarben und drücken sie nacheinander auf den Tonkarton.

Tipp:
Notieren Sie mit einem dünnen Stift unter jedem Abdruck den Namen des Gastes!

Alle guten Wünsche

Material:
Papier, Buntstifte

So geht's:
Während der Feier oder am Ende des Festes kann jedes Kind auf einem Zettel seine Wünsche für das Geburtstagskind aufschreiben oder aufmalen. Eine schöne, aufmunternde Erinnerung an einen wunderschönen Tag!

Die Autorin

Sabine Seyffert, staatl. anerkannte Erzieherin, Entspannungspädagogin und Psychologische Beraterin, ist freiberuflich tätig. Ihre Schwerpunkte bilden Veranstaltungen zu ihren Buchveröffentlichungen sowie Fortbildungsveranstaltungen für PädagogInnen. Seit 1999 bietet sie auch eine Ausbildung zum Entspannungspädagogen für Kinder an.

Beim Menschenkinder Verlag sind bisher folgende Bücher von der Autorin erschienen:

Ein Himmel voller Luftballons
100 Spiele mit Luftballons zum Toben, Entspannen und Träumen

Dschungelfest und Ritterparty
Entspanntes Feiern mit Kindern

Viele kleine Streichelhände
Kinder massieren Kinder

Meine WeihnachtsZauberwelt
Ein Adventskalenderbuch mit vielen Ideen rund um die Weihnachtszeit

Im Kribbel Krabbel Mäusehaus
Ein Beschäftigungs- und Spielebuch für die Allerkleinsten

Laternentanz und Lichterglanz
Spiele, Lieder und Basteleien rund um die Laternenzeit

Sommer, Spaß und Sonnenschein
Tolle Spiel- und Beschäftigungsideen für die heiße Jahreszeit

Im bunten BastelSpieleLand
Über 100 Beschäftigungsideen mit einfachen Materialien

Frühlingsspaß und Osterhas
Ein Spiel- und Bastelspaß durch die Frühlings- und Osterzeit

Wer Interesse an Veranstaltungen und der Ausbildung zum Entspannungspädagogen hat, wird gebeten, sich schriftlich an folgende Anschrift zu wenden.
Bitte legen Sie unbedingt 4,40 DM in Briefmarken als Schutzgebühr bei:

Praxis für Entspannungspädagogik und Kreativität
Sabine Seyffert, Postfach 11 05 23
42305 Wuppertal
E-Mail: sabine.seyffert@ooos.de
www.sabine-seyffert.de

DETLEV JÖCKER & seine Lieder ...durch ein ganzes Kinderleben!

Weihnachtlicher ab 3
Wegbegleiter
CD/MC/LiederSpieleBuch

Lieder, die durch den ab 3
Zauber der Weihnachtszeit führen
CD/MC/LiederSpieleBuch

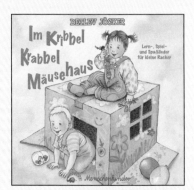

Lern-, Spiel- und Spaßlieder von 1-5
für kleine Racker
CD/MC/LiederSpieleBuch

Kunterbunte Popmusik für Kids ab 5
CD/MC

Lustige und lehrreiche ab 3
Muntermacher
CD/MC/LiederSpieleBuch

LiederHörSpiel zum Thema ab 3
Abgeben und Teilen
CD/MC/LiederSpieleBuch

Spiel- und Lernlieder von 1-6
für kleine Leute
CD/MC/LiederSpieleBuch

Neue Hits für Kids ab 5
CD/MC/Liedheft

Unser aktuelles Verlagsprogramm
mit weiteren Tonträgern und
Büchern von Detlev Jöcker
schicken wir Ihnen gerne
und unverbindlich zu.
**Menschenkinder® Verlag
und Vertriebs GmbH,
An der Kleimannbrücke 97,
48157 Münster
Tel. 0251/9 3252-0
Fax 0251/32 84 37**
E-Mail: info@menschenkinder.de
http://www.menschenkinder.de

➔ Mit Hörproben sämtlicher Lieder!

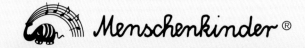

Menschenkinder ®